HOMBre CON TDAH

Comprender la Intensa Energía y la Hiperconcentración del TDAH en los Hombres para Aprovechar estas Fortalezas Sigilosas para el Crecimiento Profesional y Personal y Desbloquear los Beneficios Ocultos del TDAH

Dori Natasha Gentlekins

CONTENTS

INTRODUCCIÓN

El Trastorno por Déficit de Atención e Hiperactividad (TDAH) se considera un problema de niños pequeños. Pero para un gran número de varones adultos, estas dificultades continúan a lo largo de su vida. Este libro es la última guía clara y completa sobre el TDAH, que puede aplicarse en el contexto de la masculinidad contemporánea.

Desgraciadamente, los síntomas del TDAH de los hombres adultos a menudo se juzgan mal o simplemente se ignoran. El ritmo acelerado, el despiste y la incapacidad para concentrarse en una tarea durante un tiempo prolongado son algunos comportamientos relacionados con el TDAH, que pueden obstaculizar tanto los aspectos profesionales como personales de su vida. Otra experiencia emocional que se observa es la desregulación emocional en los hombres, en la que son incapaces de controlar sus emociones, lo que les lleva al agobio emocional.

Aunque el TDAH se manifiesta de forma diferente en distintos aspectos de la población, las similitudes y diferencias en cómo se manifiesta en hombres y mujeres son notables. Ellas pueden mostrar comportamientos más activos que incluyen agresividad física, falta de atención e hiperactividad. Si no se trata y diagnostica, el TDAH puede evolucionar hacia dificultades más complejas en el futuro.

Este libro "desmitifica" y hace comprensible la condición y explica la ciencia detrás de los efectos del TDAH en el cerebro, además de proporcionar metodologías multimodales consolidadas para el manejo de sus síntomas. Esta guía para hombres, ya sea para acompañar un diagnóstico formal o una comprensión personal de sí mismos, independientemente del motivo, impulsará a los hombres con TDAH a comprender, aceptar y superar esta afección.

CAPÍTULO 1

El TDAH sigue siendo un trastorno del neurodesarrollo incluso en la edad adulta, y afecta significativamente a los varones adultos. Aunque el TDAH es un problema prevalente en los niños, también puede quedarse en la edad adulta. Esto puede crear algunas dificultades específicas, que a menudo se ignoran o no son comprendidas por muchos.

Este capítulo se centra principalmente en la definición y los criterios diagnósticos del TDA/H entre los hombres, con especial énfasis en su prevalencia en este grupo de la población. Diferentes máscaras pueden ayudar a ocultar las características del TDAH, por ejemplo, los factores culturales o sociales, los que suprimen estos comportamientos y el estigma. Además, vamos a profundizar en cómo afecta el TDAH al mundo de la regulación emocional, las diferencias de género y la importancia de la identificación precoz.

Definición del TDAH en adultos

se refiere al indicador único de evidencia continua de falta de atención, hiperactividad e impulsividad, que en conjunto obstaculizan en el proceso de tareas regulares en cualquier entorno. Aunque comúnmente se relacionan con la infancia, también pueden afectar a los adultos, convirtiendo la resolución de problemas que afectan sobre todo a los hombres en una experiencia bastante problemática, principalmente por desconocimiento.

Síntomas y criterios diagnósticos

Los síntomas y criterios diagnósticos del TDAH, según el DSM-5, incluyen los siguientes síntomas:

1. **Falta de atención:**

- Dificultad para mantener la concentración
- Se distrae fácilmente
- Olvidadizo
- Desorganizado

Por ejemplo: Un ingeniero de 35 años, John, siente que su puesto se ve amenazado por su incapacidad para mantener la atención en las reuniones. Esto hace que se le escapen detalles importantes, lo que provoca costosos errores en sus proyectos.

1. **Hiperactividad:**

- Inquietud
- Incapacidad para permanecer quieto

- Hablar en exceso

Por ejemplo: A pesar de sus 40 años, Mike se encuentra constantemente inquieto, dando golpecitos con los pies e interrumpiendo a los demás durante las conversaciones, lo que ha tensado sus relaciones profesionales.

1. **Impulsividad:**

- Actuar precipitadamente sin tener en cuenta las consecuencias
- Interrumpir a los demás
- Dificultad para esperar su turno

Por ejemplo: A los 28 años, Alex toma con frecuencia decisiones impulsivas, como dejar el trabajo sin un plan de respaldo o gastar en exceso, lo que le lleva a la inestabilidad financiera y al arrepentimiento.

Para ser diagnosticado de TDAH, el paciente debe cumplir al menos algunos criterios especificados en el DSM-5, la guía de diagnóstico. Los estándares comprenden pruebas como tener síntomas antes de los 12 años y un deterioro considerable en varios lugares, incluidos el lugar de trabajo, las relaciones y el entorno social.

Prevalencia en hombres adultos

Los Centros para el Control y la Prevención de Enfermedades (CDC) citan que los hombres representan entre el 4% y el 8% de la población total que padece TDAH en la edad adulta. Los chicos son tres veces más diagnosticados que las chicas. Evidentemente, un número significativo de casos que pasan desapercibidos se debe a múltiples problemas. Un estudio de 2021 publicado en el Journal of Attention Disorders por Liu et al. titulado "Surge in Adult ADHD Diagnoses and Stimulant Prescriptions During the COVID-19 Pandemic in the US" ilustra el aumento del TDAH en adultos.

TDAH no reconocido: Por qué ocurre

El TDAH puede reconocerse en los niños, pero a menudo pasa desapercibido en los adultos, especialmente en los hombres. Varios factores contribuyen a este fenómeno.

- **Factores sociales y culturales**

Las expectativas sociales, los roles de género, las horas de servicio y las normas pueden influir en la percepción y el reconocimiento del TDAH en hombres adultos. Debido a las ideologías estereotípicas masculinas tradicionales, que utilizan la reducción de las emociones y la dependencia de sí mismos exclusivamente, es posible que los hombres no se abran sobre sí mismos ni pidan ayuda. Un ejemplo sería el de Mark, un exitoso hombre de negocios que llevaba años lidiando con la desorganización y la impulsividad, pero le preocupaba que buscar ayuda para el TDAH se considerara un acto de cobardía en su sector, compuesto principalmente por hombres.

- **Comportamientos de enmascaramiento**

Las personas que no han sido diagnosticadas de TDAH en la edad adulta pueden haber desarrollado vivaces mecanismos de afrontamiento y estrategias compensatorias para ocultar los síntomas; de ahí que la identificación del trastorno actual pueda resultar más difícil en un primer momento. Dichas conductas suelen incluir la fijación excesiva, la automedicación o la modificación de las rutinas para que sean más rutinarias. Kyle, un desarrollador de software de cuarenta y dos años, sabía cómo aprovechar su capacidad para concentrarse profundamente en su trabajo; en ello destacaba su capacidad para concentrarse intensamente durante largos periodos de tiempo. Pero se estaba engañando a sí mismo al ignorar inconscientemente su lucha contra el TDAH, lo que le provocaba inquietud y desequilibrio emocional.

- **Estigma y conceptos erróneos**

El TDAH suele aparecer en la infancia y a menudo se considera una afección que debería desaparecer con el tiempo. La percepción errónea de que sólo los niños y las mujeres son propensos a padecer problemas de salud mental, junto con la estigmatización de las afecciones mentales, puede hacer que los hombres adultos no estén dispuestos a buscar un tratamiento y un diagnóstico adecuados.

Desregulación emocional: El impacto oculto

Los síntomas distintivos de malestar en los hombres adultos con TDAH incluyen la falta de atención, la hiperactividad y la impulsividad, siendo la alteración emocional el aspecto menos explícitamente conocido pero muy grave del trastorno. Esta desregulación emocional puede manifestarse de diversas maneras:

- **Ira y frustración**

Los hombres adultos que son hiperactivos-impulsivos por naturaleza suelen enfadarse, frustrarse y abrumarse con estos sentimientos de forma más emocional y excesiva de lo que normalmente les corresponde según su naturaleza. Históricamente, hablar en voz alta venía con equipaje, lo que afectaba a las relaciones con amigos y compañeros. Por lo tanto, los problemas siguen y siguen. Tomemos, por ejemplo, el caso de Dave, de 38 años, que solía volverse impulsivo con regularidad y enfurecerse con colaboradores cercanos y clientes por cuestiones insignificantes, lo que le costó cuentas muy importantes y perjudicó su reputación.

- **Impulsividad y asunción de riesgos**

La impulsividad del TDAH puede manifestarse en comportamientos de alto riesgo, como el abuso de drogas, la conducción sin precaución o la toma de decisiones inadecuadas, que pueden tener ramificaciones muy adversas a corto y largo plazo. En ese momento, Ryan sólo tenía 29 años. Había fracasado en dos matrimonios y le habían despedido dos veces de su trabajo por sus acciones imprudentes, el consumo excesivo de alcohol y el juego.

- **Sensibilidad al rechazo**

Muchos adultos con TDAH son excesivamente sensibles a cualquier rechazo o crítica expresados, lo que a menudo provoca que su estado emocional se resienta, así como problemas en sus relaciones con los demás. Tras finalizar con éxito una presentación en su empresa, Tom, de 42 años y ejecutivo de marketing, se sintió bombardeado por una niebla de dudas sobre sí mismo y ansiedad después de un único comentario desagradable de un compañero, que desembocó en una situación en la que no realizó sus tareas correctamente durante semanas.

TDAH y diferencias de género

Aunque el TDAH afecta a personas de todos los sexos, existen diferencias notables en la forma en que se presenta y se percibe en los hombres y en las mujeres.

- **Presentación en Hombres vs Mujeres**

Los estudios han puesto de relieve que los signos del TDAH difieren en varones y mujeres. Al explorar las diferencias de género en el TDAH, predominan los comportamientos externalizantes de los chicos, como la hiperactividad y la impulsividad, mientras que los síntomas internalizantes de falta de atención y desregulación emocional, son más comunes entre las chicas.

Por ejemplo, los adultos varones con TDAH eran más propensos a mostrar rasgos de inquietud, impulsividad y agresividad física. En el caso de las mujeres adultas con TDAH, determinaron que son más vulnerables a la falta de atención, la ansiedad, etc.

Retos en el diagnóstico y el tratamiento

En un caso estereotipado de juicio social y discriminación de género, el TDAH en hombres puede dar lugar a muchos tipos de discriminación de género. Junto a las desigualdades de género, los profesionales del ámbito sanitario pueden ser propensos a la discriminación, lo que puede causar un reconocimiento insuficiente o diagnósticos inexactos del TDAH en los hombres.

Se descubrió que más del 40% de la población adulta masculina con TDAH había experimentado actitudes indiferentes o falsas percepciones por parte de los trabajadores sociales de atención primaria, y sólo el 25% de sus homólogas femeninas informaron de un suceso similar.

Además, estudios como "The Social Context of ADHD in Men and Boys: Stigma, Help-Seeking Behaviors, and Treatment Adherence", de Wilens et al. (2014), y "Gender Differences in ADHD Across the Lifespan", de Biederman et al. (2010), publicados en American Journal of Psychiatry, etc., indican que un número significativamente menor de hombres adultos con problemas buscan atención médica o cumplen los planes de tratamiento, probablemente por miedo a la discriminación, por sentirse poco masculinos o por tener dificultades para pedir ayuda en la sociedad.

Importancia de la identificación precoz

Reconocer y tratar el TDAH en adultos es crucial para detener los resultados a largo plazo y deshacerse de él

- **Prevenir las consecuencias a largo plazo**

Los síntomas asociados a un TDAH no diagnosticado en hombres adultos pueden manifestarse de forma generalizada e incluir menos logros en la escuela o en sus profesiones, la creación de relaciones ti 66 ridas, la dependencia del abuso de sustancias e incluso algunas afecciones mentales más como la ansiedad social y la depresión.

Un estudio de Barkley, R. A., Murphy, K. R., & Fischer, M. (2008). TDAH en adultos: What the science says. Guilford Press descubrió que los hombres que crecieron con TDAH no tratado tenían más probabilidades de tener problemas en el trabajo (despido), problemas de dinero y experimentar mayores tasas de divorcio que sus contemporáneos adultos varones sin TDAH.

- **Acceso a ayudas y recursos**

El TDAH del adulto es una afección continua que puede tener un efecto considerable en el sentido de la existencia de una persona. La detección y el diagnóstico precoces pueden ser la puerta de entrada a tratamientos potentes, como medicamentos, terapia cognitivo-conductual y otras intervenciones de ayuda. Por ejemplo, medicación (estimulantes como Ritalin, no estimulantes), terapia cognitivo-conductual, intervenciones conductuales, adaptaciones educativas, terapia ocupacional, formación en habilidades sociales, tutoría y tecnologías de apoyo.

En definitiva, comprender el TDAH en adultos es importante para abordar las situaciones exigentes y las limitaciones específicas a las que se enfrenta esta población. Al aumentar el reconocimiento, disipar las ideas erróneas y promover la identificación precoz, los adultos con TDAH pueden obtener el apoyo y los recursos que necesitan para controlar sus síntomas y llevar una vida agradable.

CAPÍTULO 2

El TDAH es un trastorno del neurodesarrollo, y su causa es la compleja interacción de variables biológicas, psicológicas y ambientales. Reconocer científicamente los componentes cognitivos y psicológicos del trastorno es crucial para comprenderlo de forma holística y afrontar adecuadamente los retos, especialmente en varones adultos.

En este capítulo estudiaremos la neurobiología del TDAH. Abarca la estructura alterada de las regiones cerebrales, la regulación alterada de la dopamina y los problemas de la memoria de trabajo. Profundiza en los aspectos psicológicos del trauma emocional mediante la comprensión de los factores de riesgo ambientales, las predisposiciones hereditarias, los trastornos concurrentes y el desarrollo a lo largo de la vida. Además, esboza los efectos secundarios emocionales, a saber, impulsos, hiperactividad, falta de atención e ira. Por ello, va más allá de las mentiras y se detiene en la complejidad del TDAH.

Neurobiología del TDAH

El TDAH tiene su origen en intrincadas funciones cerebrales y, más concretamente, en las áreas implicadas en su manifestación y en los neurotransmisores que regulan el funcionamiento de estas áreas.

Regiones cerebrales afectadas

La neurociencia demuestra que, en las personas afectadas por el TDAH, el córtex prefrontal, los ganglios basales y el cerebelo se ven afectados.

El (córtex prefrontal) realiza funciones ejecutivas como la atención, la detección de novedades y los impulsos constructivos. La investigación con imágenes cerebrales ha revelado una brecha estructural y funcional en la región del CPF (córtex prefrontal) en individuos con TDAH que demuestran una menor capacidad para gestionar tareas, tomar decisiones y regularse a sí mismos.

Es el módulo que controla el comportamiento locomotor y los mecanismos de recompensa. También trabaja en áreas de aprendizaje permanente. El realiza ciertas funciones cognitivas relacionadas con la atención, la memoria de trabajo y muchas otras. Las conexiones son el concepto vital aquí en el TDAH; las conexiones entre el cerebelo y otros tejidos nerviosos provocan falta de atención y problemas de funcionamiento ejecutivo.

Aparte del control motor, el cerebelo también puede ilustrarse a través de su papel en los procesos cognitivos, que incluyen la atención, la memoria de trabajo, etc. Se ha descubierto que las interrupciones entre el cerebelo y otras áreas cerebrales que están conectadas se asocian con las disfunciones de falta de atención y ejecutivas en individuos afectados por el TDAH.

- **Regulación de la dopamina y vías de recompensa**

El neurotransmisor, relativo al motivo, la recompensa y la atención, se ha centrado sobre todo en comparación con el ejemplo principal del TDAH. Las personas con TDAH pueden presentar un nivel desigual de dopamina, lo que se traduce en una pérdida de concentración, una necesidad incesante de gratificación instantánea y un comportamiento imprudente y temerario.

Una situación real que puede considerarse es la de Alex, un diseñador gráfico de 32 años que padece TDAH. Por el contrario, Alex tiende a posponer sus tareas de clase hasta el último momento, lo que le dificulta cumplir los plazos, aunque tenga un gran potencial creativo en términos de diseño. Es su temperamento y sus dificultades para dejar las cosas para más tarde lo que le lleva a los placeres rápidos de los videojuegos y las redes sociales en lugar de cumplir con su responsabilidad de atender a los objetivos y los plazos a tiempo.

- **Déficits en el funcionamiento ejecutivo**

El término funciones ejecutivas engloba una serie de eventos cognitivos, como la toma de decisiones, la organización, la memoria de trabajo y la conmutación cognitiva. Las personas que padecen este trastorno pueden no destacar en estas funciones, lo que supondrá un duro golpe en su vida diaria.

En concreto, Mark, de 45 años, que tiene problemas de TDAH, lo que siempre le lleva a colocar mal documentos importantes y a no organizar bien su tiempo, por lo que se dan casos de incumplimiento de plazos y relaciones ásperas con sus clientes.

Factores psicológicos

El TDAH no es un fenómeno puramente biológico ni un trastorno psicológico; no se puede pasar por alto la implicación de factores psicológicos en su manifestación y los consiguientes efectos.

- **Factores ambientales y predisposición genética**

Aunque el TDAH aún no se comprende del todo, probablemente se trate de una compleja intersección entre aspectos genéticos y psicológicos. Un individuo con antecedentes familiares de TDAH puede tener una mayor predisposición genética a padecerlo, y el entorno en el que se encuentra también desempeña un papel en el desarrollo de la afección, como la exposición prenatal a toxinas o golpes.

- **Enfermedades concurrentes: Ansiedad y depresión**

El TDAH se observa con frecuencia en pacientes que tienen una serie de problemas psicológicos, como ansiedad y depresión. Estas comorbilidades, de hecho, sólo conducen a agravar unas condiciones que ya son difíciles de manejar y las personas necesitan ayuda para encontrar opciones de tratamiento integrales.

En un estudio de casos realizado por la Universidad de Toronto, un grupo de investigadores llegó a la conclusión de que los hombres adultos con TDAH y pánico y/o depresión presentaban un mayor grado de estado de ánimo triste, impulsividad y deterioro funcional que los que sólo padecían TDAH.

- **Trayectorias de desarrollo**

El TDAH es una característica básica del cerebro, por lo que abarca diversas manifestaciones e implicaciones que son únicas para cada individuo. Algunos de los más mayores pueden luchar contra una recaída de los síntomas, ya que siguen conviviendo con la afección después de llegar a la edad adulta.

El estudio de Milwaukee - Estudio longitudinal de casos y controles que sigue a niños con TDAH hasta la edad adulta, dirigido por investigadores de la Facultad de Medicina de la Universidad de Massachusetts y del Colegio Médico de Wisconsin, con la colaboración de la UCLA. Los hombres adultos con síntomas continuos de TDAH declararon un mayor nivel de lucha en los ámbitos académico, profesional y relacional que sus compañeros.

Manifestaciones conductuales

Es un reto bastante difícil identificar los aspectos neurobiológicos y psicológicos que desempeñan un papel fundamental en el TDAH. Al final, el individuo tendrá que enfrentarse a estos factores en su vida diaria.

- **Impulsividad e hiperactividad**

La instantaneidad y la inquietud son los dos síntomas del TDAH que se manifiestan en su forma clásica. Los pacientes con TDAH pueden mostrar comportamientos como reaccionar con rapidez antes de pensar en las consecuencias, tener dificultades para permanecer sentados en un lugar y experimentar inquietud o cualquier movimiento físico excesivo.

También se estudiará una situación de la vida real en la que está implicado Michael, de 38 años, que ocupa un puesto de jefe de ventas y padece TDAH. Durante las conversaciones, Michael suele estar inquieto y empieza a dar golpecitos con el bolígrafo y a interrumpir a los demás; así, la otra parte se siente poco respetada y, por lo tanto, es disruptivo.

- **Falta de atención y disfunción ejecutiva**

Síntomas como el despiste y los problemas con las funciones ejecutivas pueden revelarse en diferentes circunstancias, como la incapacidad para concentrarse, la mala memoria a corto plazo, la desorganización y la gestión desordenada del tiempo.

A modo de ejemplo, David, un ingeniero de software de veintiocho años que padece TDAH, no consigue mantener el rumbo durante sus sesiones de codificación, ya que se bloquea continuamente con las redes sociales u otras distracciones. Esto podría llevar a David a cometer errores, como incumplir plazos, lo que provocaría el resentimiento tanto de él como del equipo.

- **Desregulación emocional**

Anteriormente en este libro, se señaló que la desregulación emocional es una parte importante del TDAH, que a veces incluso pasa desapercibida. Las personas con TDAH pueden tener a menudo sentimientos muy fuertes, como ira o enfado, y pueden tener grandes dificultades para desviar adecuadamente emociones tan intensas.

Un estudio reciente de Reimherr et al. (2005). Disregulación emocional en adultos con TDAH y respuesta a la atomoxetina. Biological Psychiatry, 58(2), 125-131 encontró que los hombres adultos con TDAH y desregulación emocional tienen tasas más altas de conflicto con otras personas, inseguridad laboral y abuso de sustancias que los otros hombres que no tienen desregulación emocional.

Abordar los conceptos erróneos

Aunque cada vez se entiende mejor el TDAH, existen muchos mitos y conceptos erróneos, especialmente en lo que se refiere a la manifestación del TDAH en varones adultos.

- **Mitos sobre el TDAH**

Una idea errónea muy extendida es que el TDAH es un trastorno preescolar e infantil que las personas deberían, con el tiempo, haber superado. Sin embargo, los estudios mencionados anteriormente informan sistemáticamente de que el TDAH puede durar toda la vida, y muchos de los adultos necesitan algún tipo de apoyo en diversos aspectos de su funcionamiento a lo largo de su vida.

Mientras tanto, un mito es que el TDAH se basa únicamente en el comportamiento hiperactivo o disruptivo. Junto con el TDAH, una clave puede ser la hiperactividad;

sin embargo, como se ha mencionado, algunas personas pueden manifestar sólo la forma desatenta del trastorno, que suele malinterpretarse o pasarse por alto.

- **Comprender la complejidad**

El TDAH es un trastorno multidimensional y polifacético, lo que implica que debe haber una visión integradora que arroje luz sobre las causas neurológicas, psicológicas y ambientales. Es necesario reconocer las diferentes experiencias y manifestaciones del TDAH entre los hombres adultos.

Hay que acabar con los mitos y, por tanto, introducir la naturaleza compleja del TDAH para reducir la estigmatización, facilitar el acceso a apoyo y recursos competentes y, en consecuencia, mejorar la vida de las personas con esta afección.

En conclusión, el TDAH es un complejo trastorno multifactorial del neurodesarrollo que implica el ir y venir de factores biológicos, psicológicos y ambientales. Por consiguiente, si se publican los fundamentos neurobiológicos, las explicaciones psicosociales y las reacciones conductuales en los cerebros de hombres adultos con TDAH, comprenderemos mejor a qué se enfrentan. Desmontar mentiras y presentar casos complejos de TDAH a la gente es un factor importante que, entre otros, ayuda a eliminar el estigma, permite el acceso a apoyo y mejora la calidad de vida de los afectados.

CAPÍTULO 3

No es infrecuente que el TDAH en hombres adultos plantee varios obstáculos que pueden afectar a las dimensiones de toda su vida: trabajo, relaciones y bienestar general. Por lo tanto, se necesitan estrategias significativas y un enfoque global que permita a las personas con este trastorno prosperar.

Este capítulo describe métodos convencionales y holísticos ampliamente adoptados y ofrece sugerencias prácticas para organizarse, concentrarse y utilizar terapias alternativas que den a los hombres adultos con TDAH el poder de cambiar sus vidas.

Tratamientos convencionales

Los remedios para tratar el TDAH no funcionan según un principio similar; las terapias comunes suelen ayudar a aliviar los síntomas y mejorar las funciones cotidianas de muchos de los que lo padecen.

1. **Intervenciones farmacológicas**

La medicación es, la mayoría de las veces, la parte vital del tratamiento del TDAH, de los cuales los dos más prescritos son los medicamentos estimulantes y los no estimulantes. Ambos actúan bloqueando la reabsorción de neurotransmisores específicos en el cerebro, como la dopamina y la norepinefrina, lo que conduce a una mayor disponibilidad de estas sustancias químicas, mejorando así el control de los impulsos y la atención.

He aquí algunos ejemplos concretos:

Medicamentos estimulantes:

- *Metilfenidato (Ritalin)*

Bloquea la recaptación de dopamina y norepinefrina, aumentando su disponibilidad.

- Anfetaminas (Adderall) - También aumentan los niveles de dopamina y norepinefrina al favorecer su liberación y bloquear su recaptación.

Medicamentos no estimulantes:

- *Atomoxetina (Strattera)*

Inhibidor selectivo de la recaptación de norepinefrina, aumenta los niveles de norepinefrina.

- Agonistas alfa-2 como la guanfacina (Intuniv) y la clonidina: ayudan a mejorar la transmisión de la norepinefrina.

1. **Enfoques de terapia conductual**

La terapia cognitivo-conductual (TCC) es uno de los métodos más aplicados Safren, S. A., Otto, M. W., Sprich,

S., Winett, C. L., Wilens, T. E., & Biederman, J. (2005), sobre todo entre los niños con TDAH, a través del cual llegan a comprender sus patrones de pensamiento, que constituyen la base de sus pautas de conducta. La TCC permite a las personas aprender mecanismos de afrontamiento, optimizar la gestión del tiempo y organizar sus actividades. También les proporciona un conjunto de herramientas para la gestión emocional y de los impulsos.

Los hombres adultos con TDAH se caracterizan por unos resultados excelentes tras someterse a la TCC, ya que observaron una mejora del funcionamiento ejecutivo, la regulación emocional y la calidad de vida en general.

1. **Técnicas cognitivo-conductuales**

Otros enfoques cognitivo-conductuales, como las estrategias basadas en la atención plena, son aliados valiosos en la lucha contra los síntomas del TDAH por sus potentes capacidades. Perfeccionan el único aspecto de la vida que es totalmente controlable: el momento presente, en el que las personas tienen el poder de desconectar la mente y cultivar la capacidad de autorregulación mediante diversas técnicas.

Enfoques holísticos

Además de las principales opciones de tratamiento, hay muchos hombres que salen victoriosos del TDAH con la estrategia de un enfoque holístico, que implica mezclar distintos enfoques.

- **Nutrición y modificaciones del estilo de vida**

Todas las modificaciones de la dieta y las medidas relacionadas con el estilo de vida pueden influir en los síntomas del TDAH. Excluir los alimentos procesados, renunciar al azúcar y la cafeína y, alternativamente, aumentar la ingesta de alimentos integrales ricos en nutrientes esenciales puede ayudarnos a mejorar nuestra concentración y atención.

- **Ejercicio y actividad física**

La actividad física realizada con frecuencia puede mejorar los síntomas del TDAH. Al hacer ejercicio, aumentan tanto los niveles de dopamina como de norepinefrina en el cerebro, lo que permite mejorar los niveles de atención y concentración, además de reducir los niveles de energía no expresada y el estrés.

Un estudio de Gapin, J.I., Labban, J.D., & Etnier, J.L. (2011). Los efectos de la actividad física sobre los síntomas del trastorno por déficit de atención con hiperactividad: La evidencia. Preventive Medicine, 52, S70-S74. revisó adultos varones que padecían TDAH y además realizaban ejercicio regular de actividades aeróbicas, mostrando una mejora en la función ejecutiva, la atención y la regulación emocional en comparación con los que no lo hacían.

- **Prácticas de atención plena y meditación**

Las técnicas de atención plena y de viaje mental pueden ser los recursos más poderosos para luchar contra los síntomas del TDAH, ya que son tanto creadoras de conciencia del momento como reductoras del vagabundeo mental y potenciadoras del autocontrol. Estas habilidades pretenden que la mente esté concentrada en el momento actual, sin preocuparse por distracciones ni por escenarios pasados o futuros.

Un estudio de Zylowska, L., Ackerman, D.L., Yang, M.H., et al. (2008). Entrenamiento en meditación mindfulness en adultos y adolescentes con TDAH. Journal of Attention Disorders, 11(6), 737-746 sobre hombres adultos con TDAH que seguían un programa de reducción del estrés basado en la atención plena. Los participantes confirmaron haber notado una mejora considerable en su capacidad para manejar los síntomas, controlar sus sentimientos y gestionar el estrés y la ansiedad.

Estrategias organizativas y gestión del tiempo

Entre los obstáculos importantes para los hombres adultos con TDAH está la dificultad en las áreas de organización, gestión del tiempo y realización de tareas. Por suerte, existen muchas intervenciones y técnicas para librarse de estos problemas.

- **Herramientas y aplicaciones para planificar**

En la era digital, hay muchas aplicaciones y herramientas de software disponibles para las personas con trastorno por déficit de atención con hiperactividad. Estas aplicaciones se pueden utilizar para crear horarios, establecer recordatorios y priorizar numerosas responsabilidades mediante el uso de aplicaciones como, , y .

- **Establecer rutinas y estructuras**

Establecer rutinas y estructuras regulares que contribuyan a la formación de la previsibilidad y la salud es algo positivo para quienes padecen TDAH. Esto podría implicar establecer horarios regulares de sueño y vigilia, así como organizar las comidas a la misma hora y designar espacios para el trabajo o los estudios.

Un ejemplo representativo es el de Mark, un escritor de 44 años que padece TDAH. Al establecer una hora fija para levantarse cada mañana, hacer ejercicios y luego dedicar distintas horas ininterrumpidas del día a escribir, Mark apreció un trabajo más centrado y productivo.

- **Priorización y desglose de tareas**

Las personas que padecen TDAH suelen tener dificultades para priorizar las tareas y segmentar las grandes tareas en partes más pequeñas. Tácticas como la basada en el nivel de importancia y urgencia, y el desglose de tareas hacen que los proyectos pesados parezcan pan comido. Las tareas urgentes e importantes se abordan primero, las importantes, pero no urgentes se programan, las menos importantes pero urgentes se delegan si es posible, y las actividades sin importancia y no urgentes se evitan. Así es como funciona.

- **Técnicas de meditación y atención**

Mantener la atención y la concentración es un gran problema con el que suelen encontrarse los hombres adultos con TDAH, y que afecta a su rendimiento laboral y a su éxito en diferentes ámbitos de la vida. Aunque esto se puede superar a través de ciertas tácticas y métodos que pueden ayudar a mantener la concentración y hacer caso omiso de las distracciones.

- **Prácticas de conciencia plena**

Los enfoques de atención plena que emplean ejercicios de respiración concentrada y escáneres corporales podrían potenciar la atención plena entre los individuos con TDAH, lo que les ayudaría a ser más conscientes del momento presente y menos propensos a divagar en sus pensamientos. Mediante la práctica de mantener la mente fija en el momento presente, las personas adquieren la habilidad de permanecer concentradas y rechazar cualquier estímulo que las distraiga.

- **Modificaciones medioambientales**

El ambiente físico influye en gran medida en la atención del individuo. Medidas como la eliminación del desorden, la reducción de los niveles de ruido y el uso de auriculares que bloqueen los sonidos externos y de música suave pueden ayudar a crear un entorno adecuado para el trabajo concentrado.

- **Estrategias para fijar objetivos**

Tener objetivos concretos y alcanzables puede ayudar a los seres humanos con TDAH a evitar las distracciones. Técnicas como el establecimiento de objetivos (específicos, mensurables, alcanzables, pertinentes y en un plazo determinado) pueden proporcionar estructura y claridad en el camino para ayudarle a mantener el rumbo y proyectar su progreso en la dirección de una mejor salud.

Exploración de terapias alternativas

Aunque los tratamientos tradicionales y las estrategias funcionales cotidianas se utilizan ampliamente para el tratamiento del TDAH, existe la posibilidad de que algunos hombres adultos también puedan beneficiarse de la búsqueda de terapias alternativas como apoyo.

- **Neurofeedback y entrenamiento cerebral**

El neurofeedback es una técnica no invasiva que consiste en monitorizar el interés de la mente y dar feedback in situ a las personas que desean manipular sus ondas mentales. Tiene un efecto muy bueno sobre el control de los impulsos y la regulación emocional en seres humanos con TDAH.

- **Suplementos a base de plantas y cambios en la dieta**

Aunque deben realizarse más investigaciones, varias personas con TDAH han notificado beneficios de la ingesta de suplementos naturales precisos o de la aplicación de ajustes dietéticos particulares. Por ejemplo, se pueden utilizar suplementos dietéticos con ácidos grasos omega-3, zinc y hierro para observar su impacto en los signos y síntomas del trastorno por déficit de atención con hiperactividad. Es necesario reservar una sesión con un profesional de la salud mientras se complementa con cualquier hierba o la mejora de un plan de alimentación en particular, debido a que algunas hierbas y suplementos pueden interactuar con los medicamentos o producir efectos secundarios no deseados.

- **Arte y terapias expresivas**

Para las personas con TDAH, dedicarse a la creatividad artística a través del arte, la música o la danza proporciona una salida satisfactoria que ayuda a la autoexpresión y la autorregulación. A través de estas acciones, se puede disminuir el nivel de estrés, mejorar la concentración y la atención y proporcionar bienestar social.

Un estudio de Haywood, S., Dwyer, R., & Boscombe, N. (2016). Arteterapia para el trastorno por déficit de atención con hiperactividad: Una revisión sistemática de la literatura. International Journal of Art Therapy, 21(2), 55-67 se centró en hombres adultos con TDAH que exploraron un programa de arteterapia. Los participantes indicaron que se sentían tranquilos y alerta a medida que se involucraban en el proceso creativo y hubo una reducción en la impulsividad y la regulación emocional que estaban experimentando.

Sin embargo, es importante tener en cuenta que, aunque las terapias alternativas pueden ser de cierta ayuda para las personas, no deben considerarse un sustituto de las prescripciones médicas de los profesionales sanitarios.

En conclusión, para manejar el TDAH en hombres adultos, debe aplicarse un enfoque holístico, que incluya estrategias de tratamiento convencionales, medicamentos holísticos, técnicas organizativas, habilidades de gestión del tiempo y terapias alternativas. Mediante la exposición y el descubrimiento de los enfoques más apropiados para sí mismos, los hombres adultos con TDAH pueden abordar sus síntomas y guiar su camino hacia una vida plena y satisfactoria.

CAPÍTULO 4

La esfera profesional puede ser un paisaje complejo de navegar para los hombres adultos con TDAH. Si bien su afección puede presentar ciertos obstáculos en el lugar de trabajo, también desencadena una riqueza de fortalezas y capacidades únicas que pueden ser activos invaluables en sus carreras. Este capítulo incluye quejas sobre los desafíos en el lugar de trabajo, pero también sobre las capacidades del individuo y los derechos legales sobre adaptaciones útiles para quienes padecen TDAH. Además, afirma los valores de establecer contactos con colegas con los que compartir sus ideas y avanzar profesionalmente.

Retos en el lugar de trabajo

Aunque el TDAH puede proporcionar capacidades y perspectivas distintas que pueden beneficiar al entorno productivo, también puede generar varios obstáculos que pueden influir en el rendimiento y el desarrollo de la organización.

- **Exigencias del funcionamiento ejecutivo**

Numerosos trabajos requieren un alto nivel de habilidades de la función ejecutiva, entre las que se encuentran la planificación, la organización, la gestión del tiempo y la priorización de tareas. Las personas con TDAH se enfrentan a este tipo de retos, por lo que les resulta difícil distribuir el tiempo, controlar los plazos y gestionar la demanda de distintas fuentes.

- **Luchas de gestión del tiempo**

Las personas con TDAH tienen ciertos problemas con la gestión del tiempo. Esto se manifiesta en constantes retrasos, procrastinación y falta de finalización de las tareas a tiempo. Esto no sólo pone en peligro al individuo, sino también la estructura del equipo y el plan de ejecución del proyecto.

- **Comunicación y habilidades interpersonales**

Las habilidades comunicativas e interpersonales también se ven afectadas por el TDAH; estas habilidades son fundamentales en cualquier escenario laboral. Las personas con TDAH aspiran a ser tratadas con respeto, pero pueden tener dificultades para escuchar, interrumpir y controlar sus emociones durante reuniones o conversaciones.

Se descubrió que los hombres adultos con TDAH se enfrentan al dilema de mantener relaciones de trabajo positivas debido a la falta de comunicación, las respuestas impulsivas y la incapacidad para manejar sus emociones estresantes durante la discusión. (Barkley, R.A. (2015). La desregulación emocional es un componente central del

TDAH. En R.A. Barkley (Ed.), Trastorno por déficit de atención con hiperactividad: A Handbook for Diagnosis and Treatment (4ª ed., pp. 81-115). Nueva York: Guilford Press).

Potenciar los puntos fuertes del TDAH

Aunque los retos del TDAH en el mercado laboral son significativos, el trastorno también puede aportar ciertos talentos y habilidades específicos al lugar de trabajo, que con el tiempo pueden dar lugar a carreras profesionales significativas y gratificantes.

- **Creatividad e innovación**

Una parte significativa de las personas diagnosticadas de TDAH pueden estar dotadas de una creatividad excepcional y un poder mental innovador. Pueden utilizar su imaginación para superar el pensamiento ordinario y podrían ser fácilmente útiles en trabajos que sean muy creativos y requieran una resolución avanzada de problemas.

- **Capacidad de resolución de problemas**

Las personas con TDAH suelen demostrar su habilidad para trabajar con patrones, establecer vínculos y dar respuestas a cuestiones complicadas. En situaciones de trabajo muy dinámicas, los que piensan de forma crítica y pueden responder fácilmente a los cambios valen la pena.

- **Hiperenfoque en la productividad**

Aunque el TDAH puede dificultar mantener el énfasis en tareas rutinarias que no resultan atractivas, una de las habilidades destacadas de esta afección es la capacidad de hiperconcentrarse en las tareas que a la persona le resultan más cautivadoras. Esta fuerte concentración puede producir breves rachas de productividad y un trabajo brillante si se maneja la situación con eficacia.

Estatuto jurídico y disposiciones en materia de discriminación

Los hombres adultos empleados gozan de derechos legales relacionados con el trabajo y pueden optar a medidas razonables de adaptación laboral para facilitar su rendimiento y éxito.

- **Protecciones de la ADA y derechos en el lugar de trabajo**

De acuerdo con la ADA (ley de derechos civiles que prohíbe la discriminación de las personas con discapacidad en todos los ámbitos de la vida pública, incluidos los puestos de trabajo, las escuelas, el transporte y todos los lugares públicos y privados abiertos al público en general), es ilegal que los empresarios discriminen a la hora de procesar a los candidatos con TDAH y otras discapacidades. Según la ADA, los empresarios deben ofrecer adaptaciones razonables a los candidatos con discapacidad que reúnan todos los requisitos para el puesto de trabajo, a menos que dicha adaptación para una empresa se considere "irrazonablemente agotadora". (La Ley de Estadounidenses con Discapacidades de 1990 (ADA) fue promulgada el 26 de julio de 1990 por el presidente George H.W. Bush).

- **Solicitud de adaptaciones razonables**

Quienes padecen TDAH buscan adaptaciones razonables destinadas a paliar los efectos de esta afección. Algunos ejemplos de adaptaciones pueden ser:

1. Tener un horario flexible o trabajar desde casa.
2. Utilizar tapones antirruido o disponer de un lugar tranquilo para trabajar, como una biblioteca.
3. La eficiencia puede mejorarse mediante el uso de aplicaciones y software de organización.
4. El agotamiento de los plazos o el ajuste de la carga de trabajo.
5. Indicar qué hay que hacer o qué respuesta se espera en el texto.

Parece apropiado que una persona coopere con el empresario y el equipo de RRHH para averiguar las adaptaciones reales específicas a sus necesidades y a los requisitos del puesto de trabajo.

- **Revelar el TDAH a los empresarios**

Informar a la dirección de una empresa sobre un diagnóstico de TDAH o cuándo hacerlo es una decisión que hay que meditar y analizar. Mientras que un aspecto positivo de la revelación es la disponibilidad de adaptaciones y apoyos, puede haber temores sobre el estigma y la discriminación.

La mayoría de los hombres adultos con TDAH admitieron que compartir su enfermedad con sus empleadores resultó una experiencia positiva. El mayor apoyo y comprensión por parte de su empleador, basado en sus conocimientos sobre el TDAH, tuvo un impacto positivo tanto en su rendimiento como en su satisfacción laboral.

Redes y asistencia

No es una rareza que establecer una buena red profesional y un grupo de apoyo pueda ser muy beneficioso para los hombres adultos con TDAH, donde los hombres pueden obtener tutoría, compartir recursos y tener un sentido de comunidad.

- **Establecer relaciones profesionales**

Al crear una red de conexiones positivas con colegas, mentores y expertos del sector, puede descubrir una fuente infinita de nuevas oportunidades, obtener asesoramiento informado y de apoyo, y encontrar un grupo de personas afines que le ayuden a afrontar los problemas profesionales.

- **Oportunidades de tutoría**

Los mentores pueden impartir conocimientos teóricos y prácticos, enseñar técnicas de resolución de problemas y ser una fuente de apoyo mental. Esto contribuye en gran medida a ayudar y guiar la trayectoria profesional de las personas.

Goldstein, S. (2005). El coaching como tratamiento para el TDAH. ADHD Report, 13(5), 6-8. Realizó un estudio con adultos varones con TDAH que tenían mentores, y éstos calificaron su satisfacción laboral como más alta, ganaron confianza y tuvieron una mejor promoción profesional en comparación con los que no tenían mentor.

- **Unirse a grupos y comunidades específicos del TDAH**

Comunicarse con personas que padecen TDAH puede proporcionarte sentimientos de unidad, seguridad y aceptación. Los grupos adaptados al TDAH y los foros en línea ofrecen oportunidades útiles para compartir recursos útiles, técnicas viables de afrontamiento e historias personales. En consecuencia, se crea un entorno propicio para el desarrollo profesional y el enriquecimiento personal.

En resumen, trabajar con TDAH en el trabajo conlleva varias dificultades, pero también permite capitalizar los puntos fuertes distintivos y alcanzar el éxito a través de protecciones legales, acuerdos, redes de contactos y la creación de un grupo de apoyo. Mediante el reconocimiento de sus derechos, la promoción entusiasta de sus necesidades y la valoración de sus propios dones, los varones con TDAH pueden sobresalir en sus carreras preferidas y alcanzar sus propias metas profesionales.

CAPÍTULO 5

Restaurar y mejorar las habilidades de comunicación, las interacciones sociales y la regulación emocional podría ser especialmente problemático para los hombres adultos con TDAH. Sin embargo, tras aprender a enfrentarse a estos retos, las personas saben cómo desarrollar estrategias y mecanismos de afrontamiento adecuados para crear relaciones satisfactorias y fomentar el equilibrio emocional.

Este capítulo ofrece los métodos de comunicación más útiles, técnicas de interacción social, medios para mantener las relaciones, estrategias para fomentar la confianza y la autoestima, así como la resolución sana de conflictos.

Comunicación eficaz

En una relación personal o profesional, los cimientos de toda comunicación sana se basan en la claridad y el respeto. A las personas con TDAH les puede ayudar especialmente esta habilidad para dominar la comunicación eficaz. Las relaciones interpersonales se vuelven más fáciles de manejar.

- **Técnicas de escucha activa**

Un componente importante de la comunicación eficaz es la escucha activa. Requiere dedicar mentalmente toda la atención al orador, reconocer su mensaje y dar una respuesta adecuada. Técnicas como el contacto visual, evitar las interrupciones y resumir los puntos del orador pueden ser muy útiles para perfeccionar tu capacidad de escucha activa.

- **Asertividad y fijación de límites**

La asertividad es la capacidad de defender las propias necesidades, pensamientos y sentimientos de forma directa y respetuosa, al tiempo que se invita a los demás a expresar sus opiniones. Las personas con TDAH deben aprender a ser asertivas para evitar confusiones, conflictos y desarrollar amistades.

Los hombres adultos con TDAH que recibieron entrenamiento en asertividad mostraron aumentos en sus habilidades y capacidad para establecer límites apropiados, hacer valer eficazmente las demandas para satisfacer sus necesidades y cultivar relaciones positivas.

- **Habilidades de resolución de conflictos**

Es difícil evitar los conflictos en las relaciones, pero los casos de TDAH con brotes emocionales e impulsividad pueden verse agravados por los desacuerdos. Ser capaz de poner en práctica habilidades de resolución de conflictos, por ejemplo, la escucha activa, la empatía y el compromiso, puede darte más ventajas en esas situaciones.

Estrategias de interacción social

Las interacciones sociales pueden ser difíciles para los individuos con TDAH debido a problemas para descodificar las señales sociales, el autocontrol de las emociones y la gestión de su espontaneidad. Mediante la creación de enfoques orientados a los resultados, los hombres adultos que viven con TDAH pueden explorar tales predicamentos con un mayor grado de autoestima y, como resultado, construir relaciones arraigadas.

- **Leer las señales sociales**

Captar bien las señales sociales e interpretarlas correctamente, como el lenguaje corporal, la expresión facial y el tono de alguien, es obligatorio si queremos tener éxito social. Lo más probable es que las personas con TDAH se beneficien del aprendizaje de la habilidad de la representación atenta y la obtención de comentarios de buenos amigos o familiares.

- **Navegación por los ajustes de grupo**

Los ambientes grupales suelen crear el riesgo de que un individuo con TDA/H se sienta abrumado por el aumento de estímulos o las demandas sociales en ese entorno. Las tácticas, que incluyen llegar temprano para adaptarse al entorno y tomar descansos cuando sea necesario para recargar energías, ayudarán a superar los desafíos que puedan surgir de las interacciones grupales.

Según Antshel, K.M. y Olsten, T.F. (2014). Entrenamiento en habilidades sociales en la terapia cognitivo-conductual integrada para el TDAH. Child and Adolescent Psychiatric Clinics, 23(4), 825-842., los adultos con TDAH inscritos en programas de entrenamiento en habilidades sociales mostraron un aumento de la confianza y una reducción de la ansiedad cuando estaban en grupo, y esto se hizo evidente después de que aprendieron técnicas de disciplina para su atención y manejo de la conversación.

- **Superar la ansiedad social**

Varias personas con TDA/H son más temerosas y conservadoras en situaciones sociales y, lamentablemente, evitan estar en presencia de otros y se retiran a la soledad. Las TCC, que incluyen el cuestionamiento de la ideación negativa, la práctica de métodos de relajación diseñados para el trastorno de ansiedad social y la exposición gradual, pueden ayudar a que la ansiedad social tenga un impacto menos negativo en la vida de alguien, y que esa persona pueda socializar con seguridad y confianza.

Mantenimiento de relaciones

Además de las dificultades asociadas a todas las relaciones, un gran número de hombres con TDAH tienen que enfrentarse a requisitos especiales para las conexiones entre hombres y a la naturaleza de las relaciones entre hombres y mujeres. Aunque esto tiene el potencial de afectar negativamente a la vida social de los individuos, el diseño de técnicas fiables puede hacer posible tener relaciones claras y divertidas con las personas a las que se quiere.

- **Crear intimidad y confianza**

La unidad y la confianza son los elementos más valiosos que se pueden encontrar en cualquier buena relación. En el caso de las personas con TDAH, si se quiere fomentar la intimidad, ésta podría implicar tipos especiales de contacto, que serían: Escuchar y hablar de todo lo que sienten y piensan, lo que ocurre alrededor de su pareja; certificar que la comunicación es abierta y honesta; y, por último, mostrar un interés genuino.

Los hombres maduros con TDAH en terapia mejoraron su intimidad emocional, comunicación y satisfacción en la relación a medida que mejoraba su conocimiento de las estrategias para crear confianza y conexiones emocionales.

- **Manejar el rechazo y la crítica**

Las personas con TDAH podrían ser más vulnerables a los sentimientos de rechazo o crítica, ya que la desregulación emocional y una disminución de la autoestima podrían ser algunas de las razones. Desarrollar estrategias de afrontamiento saludables, como el replanteamiento cognitivo, la autocompasión y la búsqueda de apoyo en los demás, puede ayudarnos a lidiar con esta situación.

- **Equilibrio entre independencia y dependencia**

Adherirse a un equilibrio de autonomía y dependencia en las relaciones es, en cierto modo, una tarea difícil con el TDAH. Aunque la independencia es muy importante, conseguir apoyo y establecer una cooperación con los seres queridos cuando la situación lo requiere es la clave para que las relaciones sean más sólidas y seguras.

Autoestima y confianza

Los pacientes con TDAH a veces tienen baja autoestima y confianza en sí mismos, ya que se enfrentan al estigma social y a los retos que conlleva su enfermedad. Aunque esto puede implicar aprender a aceptarse a uno mismo y apreciar las victorias, los hombres adultos con TDAH desarrollarán una buena autoestima y tendrán éxito en diferentes situaciones.

- **Superar la vergüenza y la culpa**

De hecho, un buen número de personas que padecen TDAH tienen esos sentimientos de culpa y vergüenza debido a sus propios fracasos o a percepciones erróneas de la afección en la sociedad. El discurso negativo sobre uno mismo puede superarse cuestionándolo, y las personas pueden encontrar consuelo compartiendo sus luchas con otras que también tienen TDAH, mientras que educarse sobre el trastorno puede ayudar a promover una perspectiva de autocompasión.

Se ha confirmado que los hombres con TDAH que formaron parte de un grupo de apoyo en el que se les animó a aceptarse a sí mismos sugirieron una mejor superficialidad y menos sentimientos de vergüenza y culpa.

- **Celebrar los logros**

Las personas con TDAH suelen tener tendencia a reflejar por igual sus luchas y sus puntos fuertes, descontando sus puntos fuertes cuando logran cosas. Si haces un esfuerzo consciente por reconocer y celebrar públicamente incluso los pequeños logros, elevarás tu autoestima y te asegurarás una imagen más saludable de ti mismo.

- **Cultivar la autocompasión**

La compasión centrada en uno mismo consiste en comportarse con uno mismo con mucha amabilidad, comprensión y aceptación, especialmente en periodos difíciles. Cuando estas personas se enfrentan a contratiempos y frustraciones más frecuentes, se recomienda la autocompasión, que puede ayudar a neutralizar la autocrítica y elevar el bienestar emocional.

El estudio realizado por investigadores de la Universidad de California en Los Ángeles (UCLA) confirmó que los hombres con TDAH que formaban parte de un grupo de apoyo en el que se les animaba a aceptarse a sí mismos sugerían una mejor superficialidad y menos sentimientos de vergüenza y culpa.

eficacia de la intervención de autocompasión en una población masculina adulta con TDAH. Muchos participantes informaron de que habían reducido las críticas sobre sí mismos, se habían vuelto mucho más aceptadores o seguros de sí mismos y habían experimentado mejoras en su bienestar general como resultado de aprender a sentir más compasión hacia sí mismos a través de la meditación de atención plena y de cambiar su enfoque de negativo a positivo.

Resolución de conflictos

La resolución adecuada de conflictos es crucial para mantener relaciones sanas entre las personas y prever su estado mental. A los pacientes con TDAH con tendencia a desarrollar altos niveles de impulsividad y una elevada reactividad emocional de este tipo, las estrategias les ayudan a la hora de gestionar las emociones y comunicarse, y cuando surge la necesidad, pueden buscar ayuda profesional.

- **Gestionar la ira y la frustración**

Los afectados por el TDAH se vuelven bastante emocionales; por ejemplo, estar iracundo o enfadado se vuelve cada vez más intenso. Aprender a través de herramientas como la respiración profunda, la atención plena y el replanteamiento cognitivo cómo interferir con las emociones para evitar llegar a un punto en el que una situación pueda agravarse aún más también es algo positivo.

- **Negociación y compromiso**

La negociación entra dentro de la categoría de resolución óptima de conflictos, mientras que el regateo contempla el logro de una solución, sobre todo a través del compromiso. Los individuos diagnosticados con TDAH, que suelen tener problemas de impulsividad y gestión emocional, podrían afrontar un conflicto de forma eficaz teniendo la mente abierta, prestando toda su atención al punto de vista de la persona con la que tienen un conflicto, y poniéndose en la situación más ventajosa.

- **Buscar ayuda profesional cuando sea necesario**

Aunque todos deberíamos esforzarnos por desarrollar estrategias personales para resolver los conflictos, pueden surgir situaciones en las que uno necesite la ayuda de un experto, por ejemplo, un conflicto que se repite o en el que las partes están muy enquistadas. El asesoramiento de parejas, la terapia familiar o el asesoramiento individual pueden ser herramientas poderosas para ayudar con la dinámica interpersonal. Proporcionan niveles únicos de apoyo y orientación en este ámbito.

Por lo tanto, podemos encontrar que las amistades y las habilidades sociales y emocionales pueden tener diferentes problemas para los hombres adultos con TDAH. Si las personas dominan las prácticas comunicativas, los enfoques de socialización, los métodos de mantenimiento de relaciones, la autoestima y el desarrollo de la confianza, entonces tendrán relaciones significativas y un buen bienestar emocional. Equipado discretamente con las herramientas y el apoyo adecuados, el hombre adulto con TDAH puede gestionar con éxito sus experiencias vitales personales y profesionales.

CAPÍTULO 6

El TDA/H conlleva su propio conjunto peculiar de batallas, pero puede ser el rastro de las fortalezas no convencionales que uno puede potenciar a través del autodesarrollo. Este capítulo se centra especialmente en cómo los aspectos positivos de la vida de los hombres adultos con TDA/H pueden diferir en la forma en que abordan el éxito, cultivan la creatividad y disfrutan de la realización personal y profesional.

La hiperconcentración como punto fuerte

Uno de los beneficios infravalorados del TDAH es la capacidad de entrar en modo hiperconcentrado, que es un recurso cognitivo muy potente cuando se sabe aprovechar.

- **Canalizar la intensidad hacia los proyectos**

Las personas con TDAH pueden sentirse abrumadas cuando se enfrentan a tareas y proyectos que les gustan; como resultado, pueden desarrollar un fuerte sentido de la concentración y la productividad. Aclarando lo que despierta su interés y poniéndolo en consonancia con sus objetivos, los chicos con TDAH pueden utilizar su hiperconcentración para hacer cosas asombrosas.

- **Establecer límites para un compromiso saludable**

Aunque la hiperconcentración puede ser la razón de una tarea bien hecha, hay que poner límites para no excederse. Empeñarse en actividades o proyectos repetidamente durante un periodo prolongado priva inconscientemente a la mente de rejuvenecimiento o descanso y puede dar lugar a agotamientos que afectan negativamente a otras áreas de la vida.

Los hombres con TDAH que están preparados para definir la duración de sus sesiones de hiperconcentración e intercalar descansos entre ellas consiguen una mayor sensación de bienestar y un mejor equilibrio entre la vida laboral y personal.

- **Equilibrio entre pasión y sentido práctico**

Aunque la pasión influye, también es importante tener una perspectiva equilibrada y no pasar por alto el hecho de la estabilidad financiera o los objetivos a largo plazo. El lado mágico de identificar simultáneamente amor y sentido práctico conducirá a la propia mejora y realización.

Gestión de riesgos y toma de decisiones

Al instante, el signo del TDAH, que es la impulsividad, puede conducir a impulsos inadecuados y decisiones arriesgadas. Sin embargo, mediante el desarrollo de estrategias eficaces de gestión del riesgo, los hombres adultos con

TDAH pueden aprovechar su espontaneidad a la vez que mitigan las posibles consecuencias negativas.

- **Controles de impulsividad y evaluación de riesgos**

Aprender a hacer una pausa antes de actuar según los impulsos y evaluar los riesgos potenciales puede ser una habilidad valiosa para las personas con TDAH. Técnicas como las prácticas de atención plena, la terapia cognitivo-conductual (TCC) y la búsqueda de la opinión de asesores de confianza pueden ayudar a cultivar un enfoque más equilibrado en la toma de decisiones.

- **En busca de comentarios y segundas opiniones**

Aunque la impulsividad puede llevar a tomar decisiones rápidas, es esencial equilibrar este rasgo con la aportación de otras personas. Pedir comentarios y segundas opiniones a amigos, familiares o profesionales de confianza puede aportar perspectivas valiosas y ayudar a mitigar posibles riesgos.

También los hombres adultos con TDAH que buscaban regularmente información de sus redes de apoyo afirmaron tomar decisiones más informadas y experimentar menos consecuencias negativas de las acciones impulsivas.

- **Aprender de los errores y los fracasos**

Aceptar los fracasos y aprender de los errores es un aspecto crucial del crecimiento personal. Los individuos con TDAH pueden enfrentarse a reveses más frecuentes debido a la impulsividad o la falta de atención, pero estas experiencias pueden servir como valiosas oportunidades de aprendizaje si se abordan con una mentalidad de crecimiento.

Pensamiento creativo y estratégico

Muchas personas con TDAH poseen una notable creatividad y la capacidad de enfocar los problemas desde ángulos únicos, lo que puede ser una ventaja inestimable en diversos aspectos de la vida.

- **Adoptar el pensamiento divergente**

El pensamiento divergente, o la capacidad de generar ideas novedosas y poco convencionales, es un punto fuerte que a menudo se asocia con el TDAH. Al adoptar este rasgo, los hombres adultos con TDAH pueden fomentar la creatividad, la innovación y encontrar soluciones innovadoras a los retos.

- **Resolver problemas de forma única**

Las personas con TDAH a menudo poseen la capacidad de ver patrones y conexiones que otros pueden pasar por alto, lo que les permite adoptar enfoques únicos para la resolución de problemas. Aprovechando esta fortaleza, los hombres adultos con TDAH pueden afrontar retos complejos y encontrar soluciones innovadoras.

Los hombres adultos con TDAH a los que se enseñó a sentirse orgullosos de su forma particular de resolver problemas ocupaban una posición más alta en las escalas de creatividad, satisfacción laboral y satisfacción vital general que aquellos a los que se enseñó a someter su enfoque característico de resolución de problemas.

- **Ver oportunidades en los retos**

El TDAH puede arraigar esa mente, que ve los obstáculos como una puerta que se abre para la superación personal y la búsqueda de nuevas soluciones a los problemas. Utilizando las herramientas de replanteamiento y sustitución de obstáculos por nuevos ángulos y soluciones, un hombre con TDAH puede desarrollar un estado de ser cada vez más resistente y desarrollarse a sí mismo.

Objetivos personales y motivación

La formulación y resolución de objetivos autodirigidos proporcionan desarrollo personal. Esto permite a los individuos concentrarse en sus principales puntos fuertes y superar obstáculos difíciles con la ayuda de la fijación de objetivos prácticos y la movilización de la motivación intrínseca.

- **Establecer objetivos SMART**

El modelo de fijación de objetivos (Específicos, Mensurables, Alcanzables, Relevantes y Limitados en el tiempo) proporciona un marco inestimable para que las personas con TDAH alcancen sus objetivos. Al dividir los objetivos generales en etapas exactas y definidas, se garantiza que se concentren en el asunto que tienen entre manos y marquen su éxito.

- **Crear sistemas de rendición de cuentas**

Los sistemas de transparencia, como comunicarte con tu amigo o familiar más cercano, agruparte para una sesión de apoyo o incluso utilizar una app de productividad, son muy útiles para no desviarte de tus objetivos.

También se vio que los hombres adultos con TDAH que buscaban mecanismos de diligencia solían tener más éxito que las personas con TDAH sin sistemas de rendición de cuentas.

- **Encontrar la motivación intrínseca**

Aunque la elección de estimuladores externos, como los premios o el reconocimiento, podría ser persuasiva, desbloquear la motivación intrínseca, que es la fuerza motriz espontánea, podría ser extremadamente poderoso y especialmente útil para los adultos con TDAH. Al conectar sus metas con sus valores, intereses y pasiones, los adultos con TDAH pueden desarrollar una actitud integral hacia la vida, y esa base alimentaría su impulso interno.

Historias de éxito inspiradoras

Aunque pensar en el TDAH como una maldición es natural, el hecho de que existan historias inspiradoras de la vida real sobre hombres adultos que han canalizado sus fortalezas para superar los obstáculos que encuentran y hacer cosas asombrosas puede ser alentador.

Las personas influyentes y los triunfadores, como los líderes empresariales de éxito y los deportistas de élite, son algunas de las personas que han sobresalido en los retos del TDAH. Conocer sus historias de vida puede servirnos de inspiración, y el conocimiento que podemos obtener de sus retos y éxitos puede ayudarnos a darnos cuenta de nuestros puntos fuertes y de nuestra capacidad para superar los obstáculos.

Así, por poner un ejemplo concreto, Richard Branson, fundador del Virgin Group, ha hablado abiertamente de su

TDAH y cree que se ha hecho famoso por su capacidad para pensar de forma innovadora y evaluar ciertos riesgos. (Libro: An approach psychology de farkhandjha shahnaaz)

- **Superar la adversidad**

Muchas de las personas famosas que padecían TDAH han tenido que librar muchas batallas en su vida, desde batallas personales hasta prejuicios sociales u obstáculos profesionales. A través de sus relatos sobre la superación y la resistencia, sus experiencias podrían enseñar realmente a la gente a qué aspirar con la ayuda de la ambición y una actitud positiva.

- **Encontrar el propósito y la plenitud**

Además del éxito exterior, muchas personas que viven con TDAH han descubierto la virtud y la plenitud al aceptar plenamente sus cualidades excepcionales y utilizarlas para mejorar el mundo. Sus historias serán sin duda un factor edificante para las personas y, con el tiempo, pueden ayudar en su propia vida a encontrar sentido y satisfacción.

Uno de los relatos más convincentes es el de Adam Levine, líder de Maroon 5 y coach de "The Voice", a quien diagnosticaron TDAH durante su juventud. Agotando su ilimitada energía creativa, se ha convertido en un cantante y mentor ampliamente conocido, lo que sin duda ha motivado a muchos fans.

Estas historias, por tanto, actúan como una personificación del hecho de que el TDAH puede verse como una capacidad y no como una limitación. Se trata de un conjunto distintivo de puntos fuertes que uno puede utilizar como fuente de invención, desarrollo e impacto positivo en el mundo.

Por último, el TDAH puede ser una fuente tanto de desafíos como de crecimiento. A diferencia de otras personas, el TDAH puede utilizarse como un rasgo positivo, y los individuos pueden llevar vidas y carreras profesionales exitosas concentrándose profundamente en la afección, siendo creativos y resolviendo problemas. Con una mente abierta y personas que les apoyen, los hombres adultos diagnosticados con TDAH pueden convertir su situación en una oportunidad para convertirse en mejores personas a un nivel superior.

CAPÍTULO 7

El camino de un hombre con TDAH en la edad adulta no es nada fácil, y un sistema de apoyo que pueda valerse por sí mismo puede facilitar la travesía. Esta sección se centra en distintas formas de crear un sistema de apoyo potente y amplio, como encontrar amigos en el campus, obtener ayuda profesional, colaborar con recursos comunitarios y promover el apoyo familiar. Desarrollar un sistema de apoyo viable para los varones que viven con TDAH puede ser vital gracias a los recursos, la experiencia y la tranquilidad que pueden obtener.

Identificación de aliados

Lo primero es crear un clima que nos proporcione amigos y mentores. Estos aliados pueden proporcionar apoyo emocional y dar algún consejo; pueden convertirse en un lugar donde desahogarnos y ayudarnos en los periodos difíciles.

- **Familiares y amigos**

Sin embargo, hay otra categoría de factores humanos, que son los miembros cariñosos de su familia y sus amigos íntimos, que pueden ayudarle a superar el problema. A través de su valiente revelación del TDAH y de la educación de sus familiares y amigos sobre esta afección, los hombres adultos se convierten en una fuente de sabiduría, y encuentran fuerza dentro de sus redes. Sin embargo, es importante tener en cuenta que estas conversaciones deben llevarse a cabo con habilidad, ya que algunos familiares y amigos pueden sorprenderse fácilmente por las complejidades del TDAH.

- **Grupos de apoyo y redes de iguales**

Interactuar con otras personas que tienen una historia de vida como la suya puede ser extremadamente beneficioso para proporcionar un entorno de apoyo y comprensión. En este espacio, las personas pueden compartir sus problemas y triunfos, así como acceder a información práctica e instructiva que ayudará a gestionar no sólo el estrés emocional, sino también el que puede producirse durante el proceso de curación. Estos grupos pueden contar con la ayuda de organizaciones locales o profesionales de la salud mental; las plataformas en línea pueden ayudarnos a encontrar a otras personas que sufren problemas similares.

- **Profesionales de la salud mental**

Los psicólogos especializados en TDAH pueden ofrecer los conocimientos, los métodos validados y la visión empática que pueden permitir a los adultos varones con

TDAH dominar mejor las complejidades de vivir con el trastorno.

Ayuda profesional

Aunque actualmente los grupos de apoyo social se consideran algo necesario para controlar el TDAH, los expertos en campos cualificados pueden mejorar realmente la capacidad de una persona para controlar sus síntomas y mejorar su bienestar.

- **Opciones de terapia y asesoramiento:**

Se ha demostrado que la terapia cognitivo-conductual (TCC), las terapias basadas en la atención plena y otras formas de asesoramiento benefician enormemente a los varones adultos con TDAH. Estos tratamientos pueden ser la base para que los individuos se enfrenten a lo que la vida les depare, mejoren el autocontrol de sus emociones y ayuden a los pacientes con otros problemas de salud mental como ansiedad o depresión.

También los hombres adultos con TDAH que se sometieron a TCC informaron de que, al final del programa, habían experimentado notables mejoras en el control de la impulsividad, la mejora de la atención y la concentración, y el desarrollo de mecanismos de afrontamiento saludables.

- **Servicios de orientación para el TDAH**

Los individuos con TDAH a veces necesitan entrenadores especializados conocidos como entrenadores de TDAH, que proporcionan estrategias de gestión personalizadas y orientación para controlar la afección. Estos mentores pueden ayudar a los hombres a tener habilidades organizativas avanzadas, aprender las mejores técnicas de gestión del tiempo y disponer de estrategias de fijación de objetivos adaptadas a ellos.

- **Gestión de la medicación**

Teniendo en cuenta que muchas personas con TDAH toman la medicación como uno de los aspectos de un enfoque multifacético del tratamiento, en general, la gestión de la medicación implica trabajar estrechamente con los médicos, es decir, psiquiatras o enfermeros psiquiátricos, que garantizan que se administre la dosis adecuada, se controlen los efectos secundarios y se evalúe constantemente la eficacia de la medicación prescrita.

Recursos comunitarios

Familiares, amigos y expertos del sector con amplia experiencia pueden ofrecer un apoyo significativo tanto en términos de información como de interacción social.

- **Foros y comunidades en línea**

Internet ha proporcionado a las personas con TDAH un espectro masivo de plataformas en línea que incluyen grupos, redes sociales y comunidades virtuales, con el objetivo principal de apoyar a estas personas. Estas plataformas se convierten en un lugar de comunicación para quienes desean hablar de sus vidas y experiencias, obtener recomendaciones y reunirse con personas que han pasado por las mismas experiencias.

- **Grupos de apoyo y talleres locales**

Precisamente lo que muchas comunidades están proporcionando son grupos de apoyo reales en persona, junto con talleres educativos más específicos para personas con TDAH y sus seres queridos. Estos eventos son el terreno perfecto para el intercambio físico de conocimientos y la interacción con expertos. También crean un entorno favorable para que las personas se relacionen entre sí, ya que pueden encontrarse en situaciones similares.

- **Seminarios educativos y webinarios**

Informarse sobre los estudios en curso, las técnicas de manejo del TDAH y los enfoques de tratamiento puede ser transformador. Asistir a seminarios educativos, escuchar talleres o asistir a seminarios web celebrados por organizaciones respetables o profesionales de la salud de gran capacidad puede dejar a los hombres adultos con el conocimiento que necesitan para tomar la decisión correcta en su tratamiento.

Dinámica familiar

Aunque el TDAH suele considerarse una enfermedad individual, lo cierto es que tiene efectos de gran alcance en las relaciones y la dinámica familiares. Construir un sistema de apoyo sostenible implica crear comprensión y colaboración dentro de la familia.

- **Educar a los seres queridos sobre el TDAH**

La mayor dificultad a la que se enfrentan los hombres con TDAH mayores de 18 años puede ser la falta de conocimiento y apoyo de sus seres queridos. Manteniendo informados a los familiares sobre las dificultades del TDAH, los síntomas y cómo afectan directamente al individuo, se puede despertar el interés humano y crear un entorno de apoyo que llegue a todos.

Se observó que los miembros de los hogares que participaron en los talleres de gcuf h del departamento de psicología de psicoeducación sobre el TDAH mencionaron haber recibido más apoyo, haberse vuelto más empáticos y también haber aprendido a trabajar juntos de forma más eficaz para resolver los problemas relacionados con el TDAH.

- **Establecer relaciones de apoyo**

En una familia, padres e hijos deben estar abiertos a comunicarse entre sí. Una cosa que deben hacer es tener paciencia. Los padres deben desarrollar esta habilidad, pero siempre deben comprender a sus hijos. Los hombres con TDAH en su edad adulta deben ser capaces de describir sus obstáculos y necesidades particulares; sin embargo, en cierto modo deben compartir y considerar los problemas y experiencias de sus parejas o familiares.

- **Resolución de problemas en colaboración**

En lugar de considerar los retos relacionados con el TDAH como preocupaciones individuales únicamente, la forma más eficaz de superarlos es implicando a toda la familia en el proceso de resolución conjunta de problemas, lo que puede ayudar a establecer un sentimiento de pertenencia a un equipo y de tener intereses comunes. Utilizando un enfoque colectivo para encontrar soluciones basadas en la realidad, las personas que viven con TDAH y sus familias pueden establecer un sistema de apoyo que ayude a los individuos a desarrollarse y convertirse en personas más sanas.

En conclusión, tener un entorno de apoyo es el factor fundamental que debe formar parte del manejo del TDAH en hombres adultos. A través de la identificación de grupos de apoyo, hablando con profesionales, utilizando otros servicios de apoyo disponibles dentro de la comunidad, y la práctica de tener un entorno familiar enriquecedor, cada persona puede, en última instancia, recoger suficiente apoyo que le permitirá superar los obstáculos del TDAH con fuerza y dedicación. Es esencial saber que no estás solo en este viaje, y que mientras confíes y recibas la ayuda de las personas disponibles, desvelarás tu plenitud y vivirás una gran vida.

CONCLUSIÓN

El TDAH es un viaje interminable de autodescubrimiento y autodeterminación. Conocer la dinámica neurológica y desarrollar cuidadosamente habilidades específicas podría permitirte transformar las desventajas en fortalezas. Utiliza los conocimientos adquiridos diseñando un plan de acción que se adapte a ti y a tus necesidades específicas en los ámbitos del trabajo, las relaciones y el desarrollo personal. Además de aceptar el TDAH como un proceso que dura toda la vida, perfeccione los métodos de afrontamiento a medida que evolucione la situación. Celebra todos tus éxitos, reflexiona sobre las áreas de mejora y apóyate en tu red de apoyo. Mediante el compromiso y la perseverancia, puedes aprovechar tu mente neurodiversa para prosperar de la forma que mejor se adapte a ti.

Gracias

Sólo quería que supieras lo mucho que significas para mí.

Sin su ayuda y atención, no podría seguir haciendo publicaciones útiles como ésta.

Una vez más, le agradezco que haya leído este libro. Disfruté mucho escribiéndolo y espero que tú también.

Antes de que te vayas, necesito que me hagas un favor.

Por favor, considere la posibilidad de publicar una reseña de este libro en la plataforma.

Las críticas me ayudarán a escribir.

Sus comentarios me son muy útiles y me ayudarán a generar más. próximos libros en el género de la información.

Me encantaría tener noticias suyas.

Dori Natasha Gentlekins.

Referencias

Asociación del Trastorno por Déficit de Atención. (s. f.). Síntomas del TDAH en los hombres.

Personal de la Clínica Mayo. (s.f.). TDAH en adultos. Mayo Clinic.

Tietjen, L. (s.f.). TDAH en adultos: Síntomas, estadísticas, causas, diagnóstico y tratamiento. Healthline.

La elección de la terapia. (sin fecha). TDAH en hombres: Síntomas, causas y tratamiento.

Dodson, W. (s.f.). Cómo el TDAH enciende la disforia sensible al rechazo en los hombres. ADDitude.

Centro TDAH. (s.f.). TDAH para hombres.

NeuroHealth Associates. (s.f.). TDAH en hombres adultos.

Smith, J. (s.f.). ¿Es el TDAH más común en hombres o mujeres? Noticias médicas de hoy.

Centro TDAH. (s.f.). TDAH femenino vs masculino.

ShiftGrit. (sin fecha). ¿Cómo es el TDAH en los hombres?

DSM-5

Printed by Libri Plureos GmbH in Hamburg,
Germany